铁路榜样讲科普

文明出行

站站行

吴端娜　李　军——著

陆　瑶　薛雅婧——绘

中国铁道出版社有限公司

CHINA RAILWAY PUBLISHING HOUSE CO., LTD.

北　京

图书在版编目（CIP）数据

文明出行站站行 / 吴端娜，李军著 ；陆瑶，薛雅婧绘. -- 北京 ：中国铁道出版社有限公司，2024. 10.
（铁路榜样讲科普）. -- ISBN 978-7-113-31674-7

Ⅰ. U293.3-49

中国国家版本馆 CIP 数据核字第 2024C23V41 号

书　　名：文明出行站站行
作　　者：吴端娜　李　军
绘　　画：陆　瑶　薛雅婧

策划编辑：赵　静
责任编辑：王　鑫　田银香　**编辑部电话：**（010）51873659　**电子邮箱：**tlwh01@tdpress.com
特约编辑：刘榴芳　周丽娟
装帧设计：郭瑾萱
责任校对：安海燕
责任印制：樊启鹏

出版发行：中国铁道出版社有限公司（100054，北京市西城区右安门西街 8 号）
网　　址：https://www.tdpress.com
印　　刷：北京盛通印刷股份有限公司
版　　次：2024 年 10 月第 1 版　2024 年 10 月第 1 次印刷
开　　本：787 mm × 1 092 mm　1/16　**印张：**3.75　**字数：**40 千字
书　　号：ISBN 978-7-113-31674-7
定　　价：45.00 元

李军，中国铁路南昌局集团有限公司南昌车站客运值班员。先后获得全国职工职业道德建设先进个人、全国铁路劳动模范、全国志愿助残阳光使者、火车头奖章、“江西好人”、江西省省直机关优秀共产党员等荣誉。2021年，光荣当选中国共产党江西省第十五次代表大会代表；2022年，光荣当选党的二十大代表；被中国国家铁路集团有限公司、中华全国铁路总工会联合授予第六届“新时代·铁路榜样”称号，被中央宣传部、中国国家铁路集团有限公司联合授予2023年“最美铁路人”称号。

前言

路网密织，高铁飞驰。新时代的铁路不仅是通达四面八方的交通网络，更是彰显文明风尚的重要窗口。人们每一次出行，既是跨越时空的位移，更是展现文明的契机。《文明出行站站行》正是在这样的大背景下应运而生，愿它如一泓清泉，滋润每一位旅客的心田。

火车站，不仅是一个交通枢纽，更是文化与文明交融的桥梁。在那里，每一声笛音都承载着对诗和远方的向往，每一次服务都蕴含着对万千旅客的深情。

《文明出行站站行》由“新时代·铁路榜样”中国铁路南昌局集团有限公司南昌车站客运值班员李军，围绕客运服务中常见的旅客安全文明出行日常点滴进行介绍。全书采用漫画这一喜闻乐见的形式，让读者在轻松的氛围中体会美好文明出行。从购票窗前的有序排队到行李安检的耐心配合，从候车厅内的轻声细语到走上站台的安全事项……一幅幅旅客熟悉的出行场景跃然纸上，不仅在画面内容中体现诚实守信、尊重他人、爱护环境等真谛，更是引导读者在旅途中践行文明理念，共绘文明出行的美丽画卷。此外，本书还贴心准备了诸多实用指南，如推荐高效便捷的购票方式、介绍临时乘车证明的办理渠道、分享应对突发情况的实用技巧等，为旅客提供贴心服务。

文明出行，是需要全社会共同努力的事业。我们期盼，通过《文明出行站站行》的传播与引导，能够激发更多人的文明意识，让文明出行的种子在旅客心中生根发芽，绽放出最绚烂的花朵。让我们携手并进，从自身做起，从现在做起，让每一次出行都成为难忘的文明之旅。

愿《文明出行站站行》成为您旅途中的良师益友。

编　者

2024 年 10 月

目录

文明出行

文明购票守秩序 耐心等候莫插队

有序排队是美德，让自觉排队、文明礼让成为我们的一道亮丽风景线。

小贴士

购买学生优惠票时，须凭附有标注减价优惠区间和火车票学生优惠卡的学生证，优惠区间应加盖院校公章，通过12306网站或到车站指定售票窗口、自动售票机办理学生优惠资质核验手续。新生凭录取通知书、毕业生凭盖有院校公章的学校书面证明当年可购买一次学生优惠票。

李军提醒您：

线下窗口购票时，请您遵守公共秩序，自觉排队。您也可选择线上方式购票，推荐使用铁路官方购票程序——铁路12306App，更方便、更安全。

铁路设备服务大家 撒气可不能找它

铁路是我国国民经济和社会发展的重要基础设施。《铁路安全管理条例》规定，任何单位或者个人发现损坏或者非法占用铁路设施设备、铁路标志、铁路用地以及其他影响铁路安全的行为，有权报告铁路运输企业，或者向铁路监管部门、公安机关或其他有关部门举报。

小贴士

“铁路 e 卡通”具备购票支付、扫码乘车、金融支付、城市交通四大应用功能。“铁路 e 卡通”的开通、使用流程、优惠活动可登录 12306 网站或12306App 查询。

李军提醒您：

铁路设施设备服务于广大旅客，请您爱护它们。如您遇到设备使用问题，可以联系铁路工作人员，我们将尽快为您解决。

身份证件刷不了 尾随闯闸可不好

尾随他人进出站，容易因闸机门板关闭造成磕碰。若闸机门板损坏，还需照价赔偿。

小贴士

如果您忘记携带相关身份证件，可以到售票大厅办理纸质临时乘车身份证明，也可在 12306App 的“温馨服务”栏办理电子临时乘车身份证明。

李军提醒您：

遇到闸机无法刷身份证件的情况，请您不要强行闯闸，不要尾随他人进出站，可以到进出站的人工口进行人工验证处理。

车次日期看仔细 若需更改办手续

列车车票是“当日当次有效”的，为确保旅客运输秩序，旅客须严格按照票面载明的日期、车次等信息，到指定车站乘车。

小贴士

购票后如需报销凭证的，应在开车前或乘车之日起 180 日以内，凭购票时所使用的有效身份证件到车站售票窗口、自动售票机开具。报销凭证只能打印一次，丢失或损坏后无法补打印，请妥善保管。

李军提醒您：

在全国铁路各大客运车站的售票窗口均可办理相关改签业务。例如，南昌车站候车室中部的“红土情”服务台设有改签窗口，方便旅客不用出站即可办理改签。

小猫小狗虽可爱 乘坐火车不能带

为保障车站、旅客列车等公共场所内外整洁、空气清新，妨碍公共卫生的物品，能够损坏或污染车辆的物品以及活动物不得随身携带乘车。

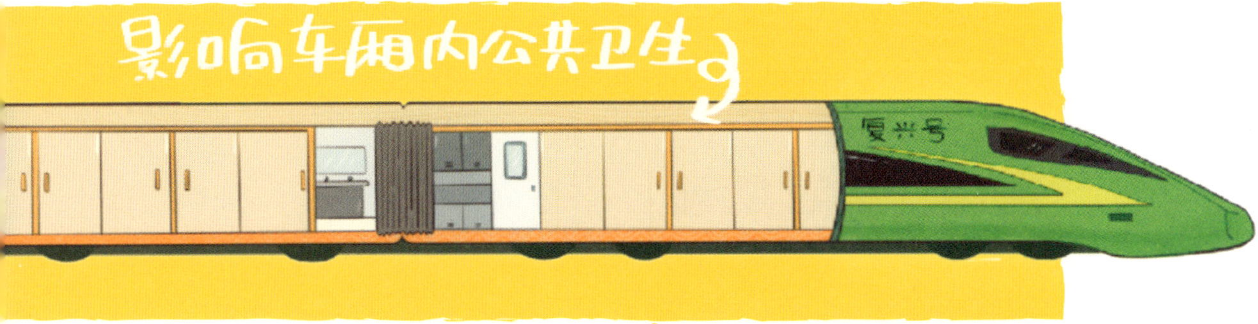

李军提醒您：

乘坐高铁请不要携带活动物。视力残疾旅客可以携带取得导盲犬工作证、用于辅助视力残疾人工作和生活的导盲犬进站乘车。作为食品且经封闭箱体包装的鱼、虾、蟹、贝、软体类水产动物可以携带上车。

禁限物品慎携带 接受安检减危害

为维护铁路公共安全，旅客应当接受并配合铁路运输企业在车站、列车实施的安全检查，不得携带危险物品或其他违禁物品乘车。

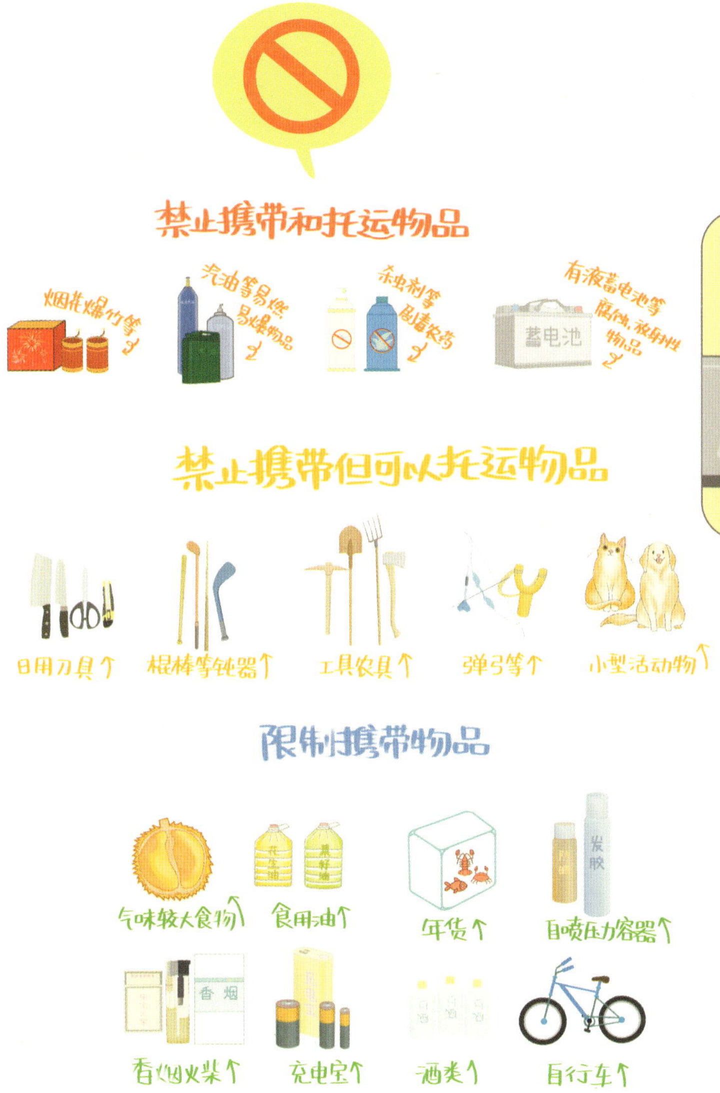

小贴士

如果您携带了铁路禁止、限制携带物品，可以选择由送行人员带回、车站暂存或自行寄回（部分车站设有自助快递柜）。具体情况，以车站工作人员现场答复为准。

李军提醒您：

进站乘车时，请您将携带物品放入危险品检查仪，同时人员通过安检门接受安全检查。车站安检口可能排队人数较多，请预留足够的时间安检进站。您也可以在前往车站乘车前了解好可携带物品，出门从容不慌张。

公共场所讲文明 鞋袜脱穿别随意

公共场合随意脱鞋脱袜，是不文明的行为，会给其他旅客造成不好的候车体验。

李军提醒您：

为了给自己和他人营造一个和谐舒适的公共环境，在候车室请不要随意脱下鞋袜。

文明出行

卧躺占座不可取 一人一座才合适

车站候车室为旅客提供了多处座椅，方便旅客在候车时落座休息。为了让更多旅客有座位，每位旅客应只使用一个座位。

小贴士

如果您将物品忘记在车站或者列车上，可以通过登录 12306 网站、12306App，或致电 12306 客服、前往车站服务台或失物招领处查询和领取。

李军提醒您：

候车期间，请不要用行李占座，或占用多个座位卧躺。

文明出行

老幼病残孕专座 让给需要的人坐

为照顾重点旅客，候车室设有老幼病残孕爱心专座。

小贴士

各车站均设有老幼病残孕爱心专座，如有需要，您可以到检票口找有“爱心专座”标志的座椅。

李军提醒您：

为弘扬尊老爱幼的传统美德，请不要占用老幼病残孕爱心专座，把它让给有需要的人。

酒逢知己千杯少 酒后失态多烦恼

铁路规章规定，在车站、列车内寻衅滋事、扰乱公共秩序、醉酒等有可能危及列车安全或者其他旅客以及车站、列车工作人员人身安全的，车站、列车均可拒绝其进站、上车或责令其下车。

李军提醒您：

为了您的健康，饮酒要适量。千万不要因为贪杯而耽误行程。

残羹垃圾要清理
候车环境更美丽

遵守社会公德，维护公共卫生是我们每一位公民的责任。候车时请勿乱扔垃圾，我们共同维护良好的候车环境。

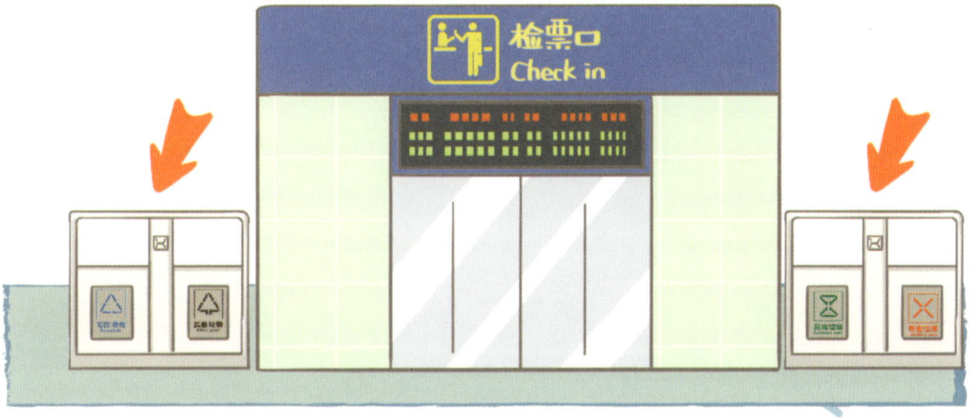

小贴士

车站候车室多个位置设有垃圾桶，例如，南昌西站的检票口两侧、卫生间、便民用餐区等处均设有。

李军提醒您：

在候车室的便民用餐区用完餐后，或在候车大厅产生垃圾后，请把垃圾扔进垃圾桶。

电梯不是大玩具 安全乘梯记心里

电梯属于特种设备，在电梯上蹦跳玩耍容易触发电梯的安全保护，造成电梯急停或故障。

小贴士

不要用脚触碰电梯毛刷，鞋体较尖、材质较软的鞋容易被梯级卡住。

李军提醒您：

为了您的安全，乘坐电梯时，请扶好扶手，不要在电梯口停留，切勿反向乘梯，也不要因好奇或贪玩去触碰扶梯两侧毛刷。如您推行婴儿车或使用轮椅出行，请联系车站工作人员或乘坐无障碍电梯。

诚实守信立身之本 逃票行为众人皆愤

《铁路旅客运输规程》规定，对于存在恶意逃票行为的旅客，铁路运输企业有权要求其补齐票款并按照规定加收票款。如果旅客拒绝交付票款且严重影响铁路运输公共秩序，铁路运输企业有权终止合同，拒绝运送。

李军提醒您：

逃票，逃掉的是个人宝贵的信誉，得不偿失。乘坐火车请提前购票，确实因特殊原因而未购票的，请主动找铁路工作人员补票。

文明出行

文明环境靠大家 轻声细语人人夸

公共场合大声喧哗是不文明的行为，会影响旅客听识信息，还会给其他旅客造成不好的候车体验。

李军提醒您：

为营造良好的候车环境，候车室内请勿大声喧哗，播放音视频时请调低音量或使用耳机。

烟雾缭绕危害深
公共场所不吸烟

吸烟不利于身体健康，公共场所吸烟还会导致其他旅客被动吸入“二手烟”。

李军提醒您：

为了您和他人的健康，同时维护良好的候车环境，请勿在候车室、卫生间等公共场所吸烟。

走行通道勿占用
靠边行走保畅通

拥堵在走行通道上，会造成其他旅客和铁路工作人员通行不便。为方便他人以及保证铁路作业秩序，不要在走行通道聚集。

李军提醒您：

不要将您的行李放在检票口前占位置，以免堵塞闸机通道。

候车室不是游乐场 翻翻爬爬不提倡

小朋友在候车室内翻爬设备、桌椅等，容易跌落造成意外伤害。

小贴士

购票时可结合自身情况购买铁路乘意险，购买方式有多种，包括在 12306 网站购票时自愿勾选、在售票窗口、自动售/取票机与车票一同购买，或在售票窗口单独购买。

李军提醒您：

候车时，请看管好自己的小孩，不要让孩子翻爬。

手机平板勿入迷 孩子走丢干着急

火车站人流量大、环境复杂，小孩子一旦离开家长视线，很容易走散。

小贴士

如您出行遇到困难，可到车站候车室服务台寻求帮助。大部分车站的服务台位于候车室中部。

李军提醒您：

小朋友发现与同行家长走散时，千万不要害怕，可以找穿制服的铁路工作人员寻求帮助。

开水不要接太满
小心翼翼防烫伤

候车室人员较多，开水切勿接太满。

李军提醒您：

当您排队接开水时，请耐心等待水烧开至100℃，防止误食生水引发健康问题。同时，请不要拥挤、开水不要接太满，以免烫伤。如果您不慎被烫伤，可以去候车室的服务台找工作人员寻求帮助，例如，南昌车站“红土情”服务台配备了烫伤膏。

文明出行

榴莲气味有点重
公共场合勿食用

公共场合，请勿食用榴莲等气味重的食物。

李军提醒您：

如果您携带榴莲等气味重的食物乘车，请将食物密封好，减少气味扩散，候车及乘车途中不要打开密封包装。

消防栓和灭火器 人和行李不遮蔽

消火栓和灭火器是消防安全的重要设施，其周围不得有任何遮挡物，更不能被占用或损坏。

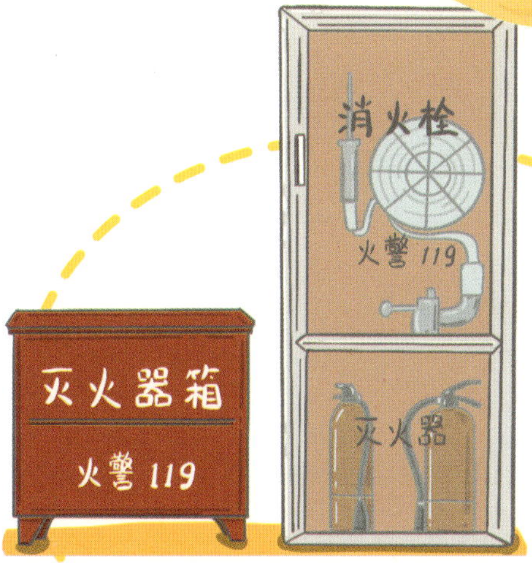

李军提醒您：

消防安全人人有责，我们要主动担负起消防安全责任。

液体远离充电地
安全用电记心里

将液体淋洒在电源口，易导致电线短路而引发火灾。

小贴士

为缓解旅途中的电量焦虑，额定能量不超过100瓦时的充电宝均可携带上车。

李军提醒您：

当您在给手机充电时，请记得将饮料或湿雨伞远离电源口。

一大一小过闸机 小孩走前莫着急

携带免费乘车儿童通过闸机时，请让孩子走前、您走后，防止闸机门板磕碰小孩。

李军提醒您：

如果您携带儿童且行李较多，可及时与工作人员联系，从人工通道提前进站乘车。

文明出行

车站停检关闸后 强行闯入不可行

为了旅客的安全，车站均会提前停止检票，具体停检时间以车站公告为准。停止检票后，强行闯入站台是非常危险的行为。

小贴士

每张车票只能改签一次且开车后改签的车票不可退票。

李军提醒您：

请合理安排好出行时间，以免耽误您的行程。没赶上或赶不上列车时不要紧张，请致电 12306 或联系车站工作人员改签。

文明出行

切勿靠近高压线 站台打伞有危险

站台上打伞缩短了和上方高压线的距离，下雨天空气潮湿，容易形成电流通路，因此在站台上打伞存在触电风险。此外，列车驶进站时，会产生一定的气流，

可能导致雨伞飞挂到接触网或者掉落到股道里，影响铁路行车安全。

李军提醒您：

铁路高压线的电压为27.5千伏，人体能承受的电压为36伏。为保障您的人身安全，在站台上请勿打伞。

高铁运行速度快 横跨股道有危险

高铁列车运行速度很快，当司机发现有人横穿线路时，根本来不及采取制动措施，无法阻止悲剧的发生。

小贴士

需要换乘的旅客，可以从站台上的步行楼梯或换乘直梯前往候车室换乘。

禁止跨越股道

李军提醒您：

当您需要换乘其他列车时，请勿图一时方便横越股道。

漏乘不要急 扒车不可取

高铁列车中途站停靠时间很短，下车透气、溜达、抽烟的旅客要控制好时间，不要因此耽误了旅程。列车车门关闭时或关闭后，扒车门是非常危险的行为，极易造成剐蹭、拖拽等人身伤害。

小贴士

列车即将关门发车时，站台上工作人员会吹响口笛进行提示，旅客应听从工作人员指挥，尽快上车。

李军提醒您：

漏乘列车莫惊慌，可以就近寻找车站工作人员。我们将根据您的实际情况，安排最近一趟列车送您到达相同目的地，您的行李也会在目的地车站等您。

轮椅溜逸有风险 平行停靠最安全

轮椅、小推车等辅助设备或非机动车辆、行李箱垂直于站台停放时，容易造成溜逸滑入股道。

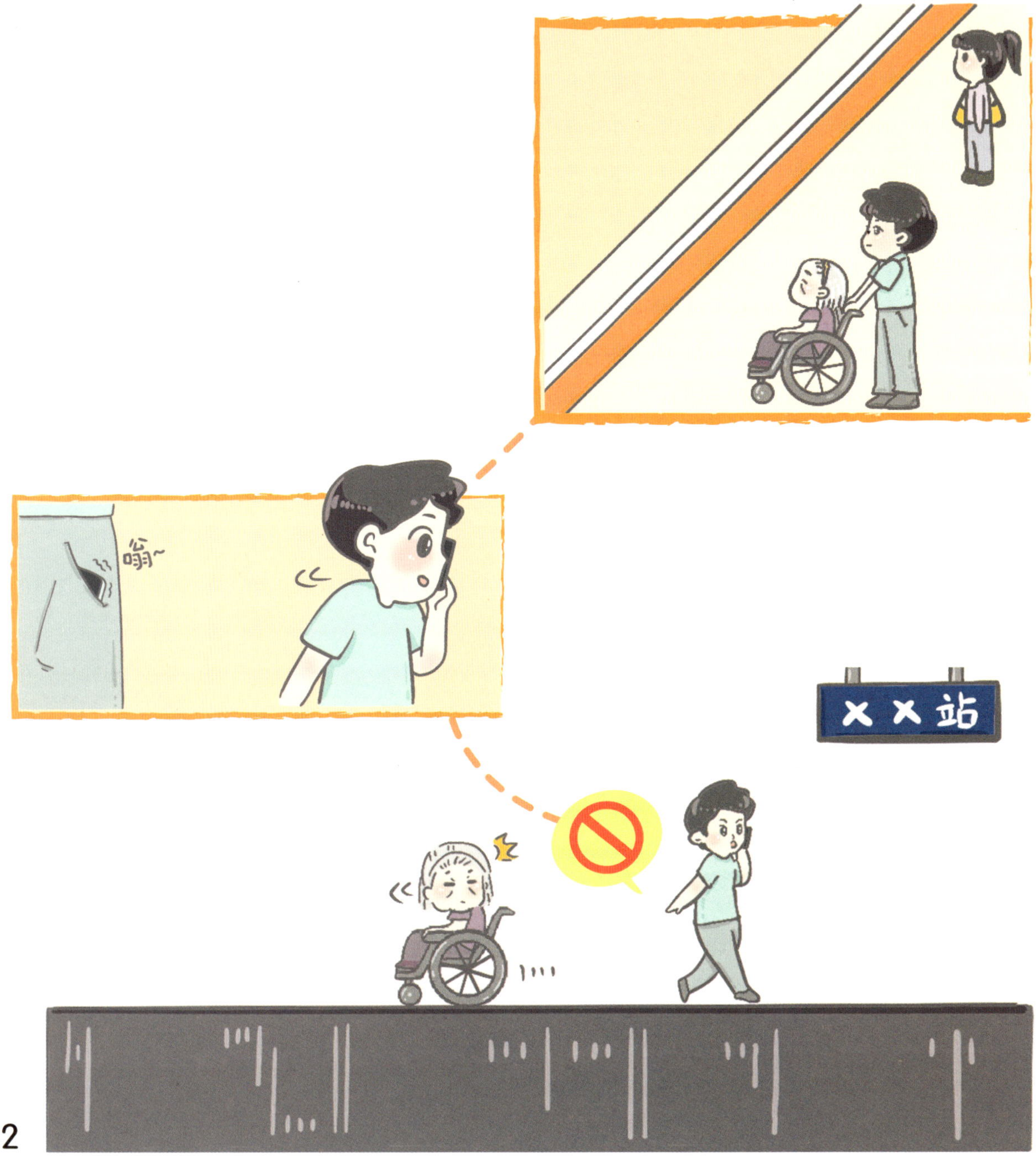

小贴士

如果您进站、乘车不便，需要轮椅，可以通过铁路 12306 网站、12306App、“中国铁路”微信公众号等线上平台或车站线下渠道，预约特殊重点旅客服务。预约时，请准确填写实际乘车站、目的地车站和列车车次、服务需求等信息，同时提交有效车票信息和相关证明材料，具体规定可登录 12306 网站详询。

李军提醒您：

当您在站台候车时，请握紧行李箱、轮椅、小推车等把手（扶手），防止溜逸。轮椅、小推车等，请平行于站台安全线停放。

被困电梯不要慌 拨打电话来帮忙

轿厢门下方就是电梯井，强行拉开电梯门钻出，容易发生坠落风险。

李军提醒您：

当您被困于电梯内，切记不要强行拉开轿厢门。可通过电梯内的紧急呼叫按钮或者电梯内公布的救援电话寻求外界帮助。

走上站台注意看 白色安全线里站

列车进站时会产生内侧压强差，易将站在白色安全线以外的旅客推向列车，从而发生危险。

李军提醒您：

无论在站台行走还是等候，请保持站在白色安全线以内。

站台规矩可不少 切勿嬉戏与奔跑

站台上不安全因素较多，不遵守铁路规定嬉戏与奔跑，容易发生车辆伤害、触电伤害、跌落股道伤害等。

李军提醒您：

小朋友一定要牵好家长，请勿在站台上嬉戏奔跑。

文明出行

列车站台有道缝 注意脚下莫踩空

列车与站台之间存在缝隙，上车时须注意脚下。

李军提醒您：

当您在站台排队乘车时，千万不要拥挤，防止发生前方旅客或行李跌落站台风险。

物品掉下站台别惊慌 自行跳入股道易受伤

站台股道随时可能有列车进站，高铁列车进站速度很快，盲目跳入股道拾物，司机来不及采取制动措施，极易发生伤害事件。

李军提醒您：

如果您携带的身份证、手机等物品不慎掉进股道里，千万不要跳下股道自行拾取。请您就近寻找车站工作人员，我们会利用站台拾物器帮您安全取回物品。

站台乘车莫拥挤 先下后上守秩序

为保障乘车秩序，上下车请排队，先下后上，不要拥挤。

小贴士

高铁列车停站时间很短，如果本车厢上车旅客较多，可就近从其他空闲车厢上车。如遇有16节车厢的动车组列车，要注意8号、9号车厢是否连通，以免无法到达所在车厢。

李军提醒您：

上车后，请尽量往车厢里面走，不要聚集在车厢连接处。

站台滑行不可取 别骑小车到处跑

在站台上使用平衡车、滑板车等轮式代步工具，容易造成跌落股道风险。

李军提醒您：

为了您和他人的安全，不得在站台上使用平衡车、滑板车等轮式代步工具。以上工具须使用硬质包装物妥善包装后方可携带进站。

文明出行

擅入区间很危险 站台栏杆勿翻越

擅自进入铁路区间，有被列车碰撞的风险，不仅影响铁路正常行车，还会危及人身安全。

李军提醒您：

铁路线路封闭区域千万不能擅自进入。看到禁止翻越、请勿入内等提示语，须提高警惕并严格遵守。